Dans la fôret vit un sir
Son nom est Singe.

Un lundi Singe mange une fleur multicolore.

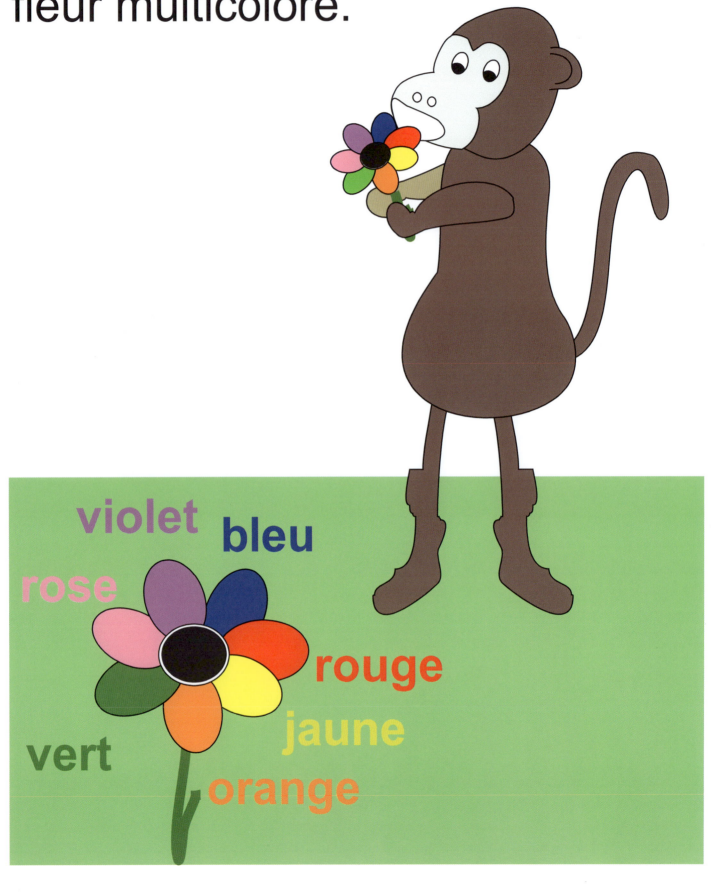

Le singe se sent malade.

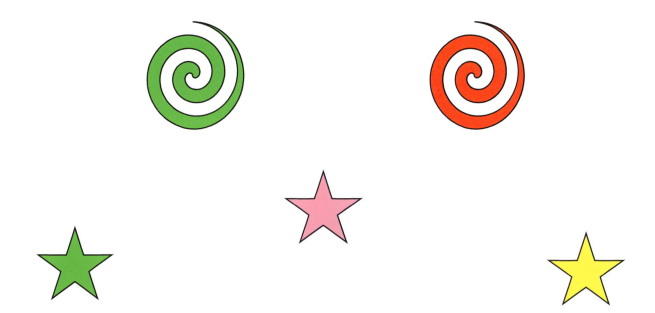

Il change de couleur !

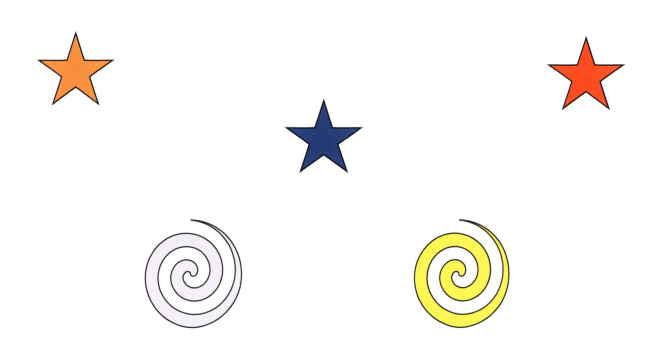

Le singe devient......

Mercredi il mange une carotte.

les carottes

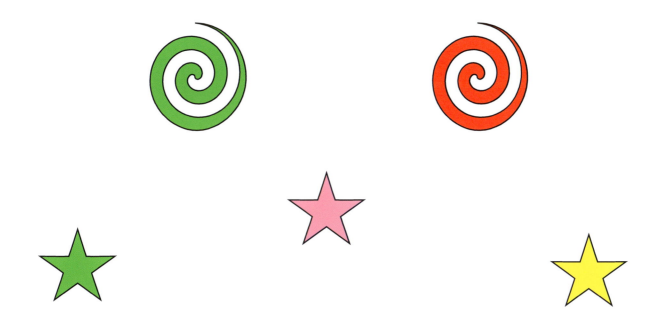

Il change de couleur !

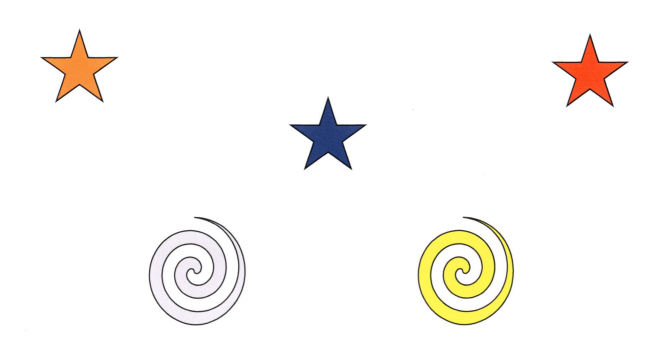

Le singe devient ……

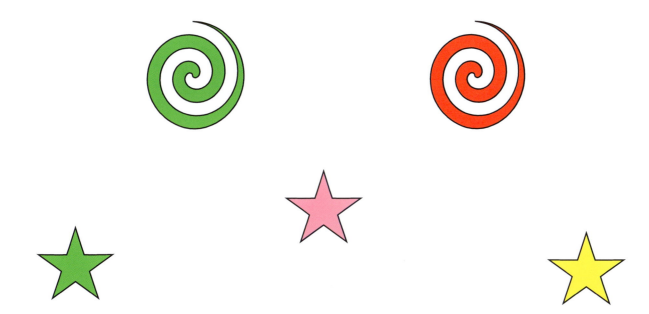

Il change de couleur !

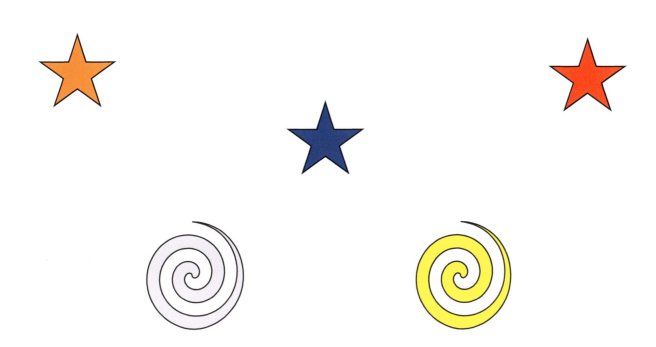

Le singe devient…….

Vendredi il mange des fraises.

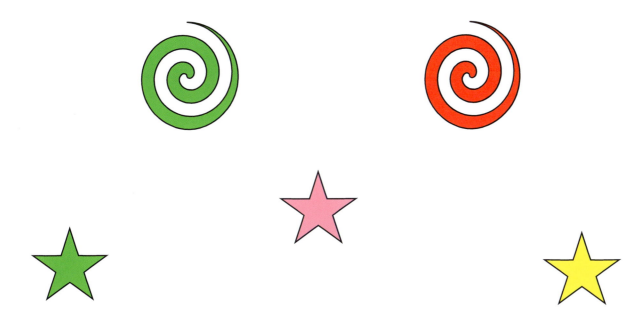

Il change de couleur !

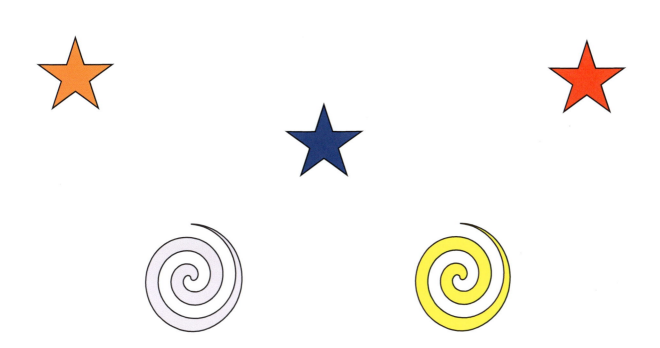

Le singe devient……..

Le singe devient…….

Quel problème !

S'il mange des petits pois,
le singe est **vert**.

S'il mange des carottes
le singe est **orange**.

S'il mange des bananes,
le singe est **jaune**.

S'il mange des fraises,
le singe est **rouge**.

S'il mange des champignons,
le singe est *blanc* .

Dimanche il mange du chocolat.

le chocolat

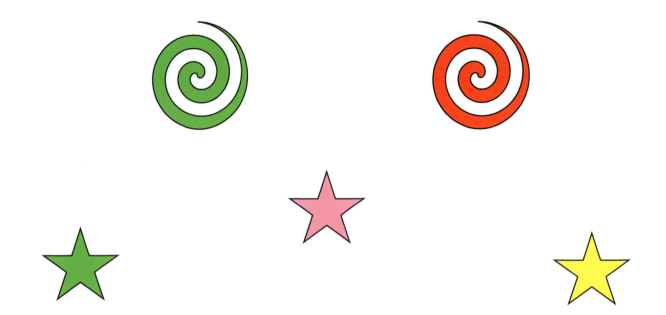

Il change de couleur !

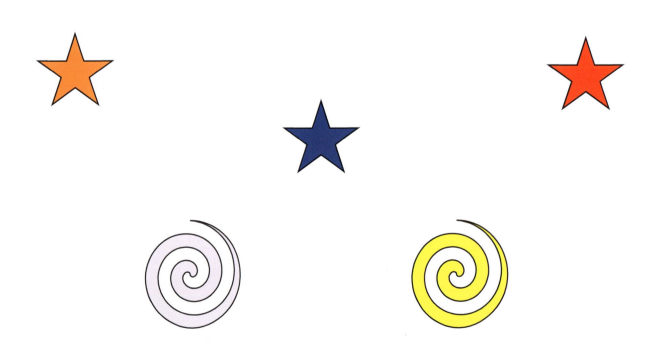

© Joanne Leyland   first edition 2016   second edition 2018   third edition 2019

The French-English translation of the story, and the useful French words and phrases page may be photocopied for your own class or home use as long as the teacher, purchasing institution or parent owns a copy of the book. The rest of the book may not be photocopied or reproduced digitally without the prior written agreement of the author.

For information about learning foreign languages and books available go to:
https://foreignlanguagesforchildren.com

French

Dans la fôret vit un singe.
Son nom est Singe.
Bonjour ! Je m'appelle Singe.
Un lundi Singe mange une fleur multicolore.
Le singe se sent malade.
Comment ça va ? Ça va mal.

Mardi il mange des petits pois.
J'aime les petits pois.
Il change de couleur !
Le singe devient vert.
Maintenant je suis vert !
Vert est la couleur des petits pois !

Mercredi il mange une carotte.
J'aime les carottes.
Il change de couleur !
Le singe devient orange.
Maintenant je suis orange !
Orange est la couleur des carottes !

Jeudi il mange une banane.
J'aime **beaucoup** les bananes.
Il change de couleur !
Le singe devient jaune.
Maintenant je suis jaune !
Jaune est la couleur des bananes !

Vendredi il mange des fraises.
J'aime **beaucoup** les fraises.
Il change de couleur !
Le singe devient rouge.

Samedi il mange des champignons.
J'aime les champignons.
Il change de couleur !
Le singe devient blanc.

Quel problème !
S'il mange des petits pois, e singe est vert.
S'il mange des carottes, le singe est orange.
S'il mange des bananes, le singe est jaune.
S'il mange des fraises, le singe est rouge.
S'il mange des champignons, le singe est blanc.

Tu veux être de quelle couleur ?
MARRON
Alors, mange quelquechose de couleur marron !
Dimanche il mange du chocolat.
J'aime le chocolat.
Il change de couleur !
Je suis marron encore une fois !

English

In the forest lives a monkey.
His name is Monkey.
Hello! My name is Monkey.
One Monday Monkey eat a multi-coloured flower.
The monkey doesn't feel well.
How are you? I'm not well.

On Tuesday he eats some little peas.
I like little peas.
He changes colour!
The monkey becomes green.
Now I'm green!
Green is the colour of little peas!

On Wednesday he eats a carrot.
I like carrots.
He changes colour!
The Monkey becomes orange.
Now I'm orange!
Orange is the colour of carrots!

On Thursday he eats a banana.
I like bananas a lot.
He changes colour!
The Monkey becomes yellow.
Now I'm yellow!
Yellow is the colour of bananas!

On Friday he eats some strawberries.
I like strawberries a lot.
He changes colour!
The Monkey becomes red.

On Saturday he eats some mushrooms.
I like mushrooms.
He changes colour!
The Monkey becomes white.

What a problem!
If he eats little peas, the monkey is green.
If he eats carrots, the monkey is orange.
If he eats bananas, the monkey is yellow.
If he eats strawberries, the monkey is red.
If he eats mushrooms, the monkey is white.

What colour do you want to be?
BROWN
Well, eat something that's brown.
On Sunday he eats some chocolate.
I like chocolate.
He changes colour!
I'm brown again!

Useful French words and phrases

Bonjour ………………………………Hello
Je m'appelle …………………….. My name is
Comment ça va? ………………….. How are you?
Ça va mal……………………………. Not so good

black
noir

brown
marron

red
rouge

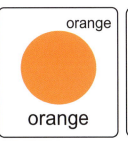
orange
orange

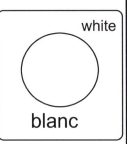
white
blanc

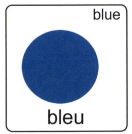
blue
bleu

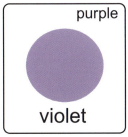
purple
violet

pink
rose

green
vert

yellow
jaune

the monkey
le singe

lundi … ……Monday
mardi …….. Tuesday
mercredi …..Wednesday
jeudi ……....Thursday

vendredi …...Friday
samedi ..……Saturday
dimanche …..Sunday

J'aime …… I like

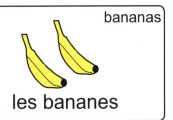
bananas
les bananes

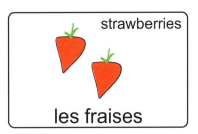
strawberries
les fraises

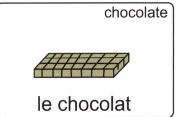
chocolate
le chocolat

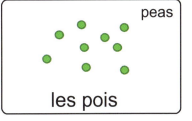
peas
les pois

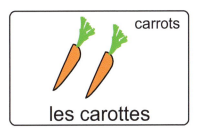
carrots
les carottes

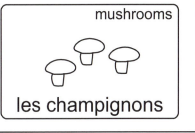
mushrooms
les champignons

Printed in Great Britain
by Amazon